すみっコぐらし™の

お友だちと
なかよくする
方法

監修

筑波大学教授

相川 充

はじめに

この本はあなたがお友だちとなかよくすごすための、
いろいろなヒントがたくさんつまっているよ！

お友だちが私よりほかの人となかよくしている…。
もっと上手におしゃべりして、お友だちをふやしたい。
なかよしのお友だちとケンカしちゃったからあやまりたい。
お友だちが泣いている…。助けてあげたい！

お友だちといっしょにいるとき
こんなふうに感じることって、よくあるよね。
だけどどうすればいいか答えが見つからないと、
いろいろなきもちになって、モヤモヤしちゃうよね。

この本ではそんな「いろいろなきもち」に合わせて
たくさんのアドバイスを用意したよ。
きっとあなたの役に立つはず！

さあ、すみっコたちといっしょに読んでみよう!!

すみっコぐらしとは？

電車に乗ればすみっこの席に座り、
カフェに行ってもできるだけすみっこの席を確保したい…。
すみっこにいるとなぜか“落ち着く”ということはありませんか？
さむがりの“しろくま”や、自信がない“ぺんぎん？”、
食べ残し(!?)の“とんかつ”、はずかしがりやの“ねこ”、
正体をかくしている“とかげ”など、
ちょっぴりネガティブだけど個性的な
“すみっコ”たちがいっぱい。
すみっこが好きなあなた、すみっこが気になるあなた、
あなたもすみっコ仲間になりませんか？
本書は、そんな「すみっコぐらし」が大好きなあなたと
いっしょに考える「お友だちとなかよくする」方法。
チャートやクイズに答えながら、
楽しい毎日が送れるコツをつかんじゃおう♡

すみっコ＆みにっコたちのプロフィール

しろくま

北からにげてきた、さむがりで
ひとみしりのくま。あったかい
お茶をすみっこでのんでいる時が
いちばんおちつく。

北はもう
だめだ…

ずるずる…

とくぎ：絵をかくこと

性格：ひとみしり

しゅみ：お茶

ぺんぎん？

自分はぺんぎん？
自信がない。
昔はあたまにお皿が
あったような…

自分がなにものか
さがす日々。
でも、みどり色の
ぺんぎんはどこにも
のっていない…

好物：きゅうり

しゅみ：読書・音楽

なぞの敵？：アーム

ぺんぎん？がつまみ
出されることが多い。

「すみっコぐらし」に登場するみんなをしょうかいするよ。
あなたはだれににてるかな？

とんかつ

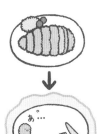

とんかつのはじっこ。
おにく 1%、
しぼう 99%。
あぶらっぽいから
のこされちゃった…

ピンク色の部分が
1%のおにく。

ぼーっとしている
ことが多い。

過去のトラウマを
思い出し、
ときどき暗くなる
ことも…

ねこ

ガリ
ガリ

はずかしがりやで
体型を気にしている。
気が弱く、よくすみっこを
ゆずってしまう。

性格：けんきょ

どうぞ

周りに気を
つかっている。

好物：ねこ缶・魚・ねこ草など

zz…

ねこくさ

とかげ

じつはきょうりゅうの
生きのこり。つかまっちゃう
のでとかげのふり。
みんなにはひみつ。

↑
おかあさん

森で「とかげ」としてくらしている。
すみっコたちとお部屋のすみっこで
すごすことも多い。

好物：魚　　　　特技：泳ぎ　　　ともだちのとかげ（本物）

すいー

↓

たぴおか

ミルクティーだけ先に
のまれて吸いにくいから
のこされてしまった。

ぷにぷに。

無表情。

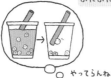
やってらんね

よくらくがきをする。

ブラック
←たぴおか

ふつうのたぴおかより
もっとひねくれている。

性格：ひねくれもの

えびふらいの
しっぽ

かたいから食べのこされた。
とんかつとは
こころつうじる友。

…

あげもの仲間で
のこりもの仲間の
とんかつとよく
一緒にいる。

なかよしすみっコ
とんかつ

ざっそう

いつかあこがれの
お花屋さんでブーケに
してもらう！という夢を
持つポジティブな草。

ねこがよく水を
かけてくれる。

なかよしすみっこ
ねこ

社交的。

ふろしき

しろくまのにもつ。
すみっこのばしょとりや
さむい時に使われる。

なかよしすみっこ
しろくま

たまにせんたく。

ほこり

すみっこによくたまる
のうてんなやつら。

いつもへらへら
笑っている。

いえーい

にせつむり

じつはカラをかぶった
なめくじ。
うそついてすみません…

かたつむりにあこがれて
カラをかぶったけれど、
ちょっぴりうしろめたい…
すみっこたちには
なめくじだとバレている。

すみません
すみません

すぐあやまる。

なかよしすみっこ
とかげ

なめくじ
なんて
いえないよ…

すずめ

ただのすずめ。
とんかつを気に入って
ついばみにくる。

その へんをとんだり
歩いたりしている。

ふくろうとなかよし。

おばけ

屋根裏のすみっこに
すんでいる。こわがられたく
ないのでひっそりとしている。

おもしろいことがすき。
口をひらくとこわがられる
ので、なるべくとじている。

もくじ

第1章
だい　しょう

お友だちってどうやったら
つくれるかな？
とも

第2章

なかよしって何だろう?

もくじ

第3章

自分ってどんな人かな？

第1章

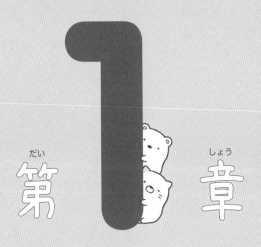

お友だちって
どうやったら
つくれるかな？

お友だちづくりって、かんたんなようでむずかしいよね。
まずは、お友だちづくりに大切な、
明るいあいさつや会話のコツなどをしょうかいするよ！

あいさつって きもちいい！

いつもだれに
あいさつしている？
☑チェックしてみよう！

□家族へ
「おはよう」
「行ってきます」
「ただいま」

□先生へ
「おはようございます」
「さようなら」

□クラスの子へ
「おはよう」
「また、明日ね」
「バイバイ！」

□お友だちへ
「○○ちゃん、
おはよう」
「○○ちゃん、
また明日ね」

□近所の人へ
「こんにちは」
「さようなら」

□家に来た人へ
「こんにちは」
「はじめまして」

どれくらいチェックしたかな？

6つ

6つ当てはまったあなたは、すばらしい！
その調子でいろいろな人に、
あいさつができるといいね。

4〜5つ

4〜5つ当てはまったあなたは、
よくあいさつができているね。
うっかりあいさつをわすれている人はだれだったかな？
今度はその人にもあいさつしてみよう。

1〜3つ

1〜3つだったあなたは、
声をかけるのは苦手かな？
少しだけ勇気を出して、
いろいろな人にあいさつしてみよう。

0

0のあなた。あいさつは大切だよ。
まずは、身近な家族にあいさつをしてみよう。
なれてきたら、まわりの人にもあいさつしてみて。
そのときは、笑顔もわすれないようにね！

あいさつで
おたがいにきもちよくなるよ

あいさつをしてくれる子って、とても明るく見えるよね。

特に、笑顔であいさつしてくれると、

自然と自分も笑顔になれちゃうよね。

あなたは、お友だちや家族、先生やまわりの人に、

明るいあいさつはできているかな？

初めは、はずかしいかもしれないけれど、

あいさつがあれば自分も相手もきもちよくなれるよ！

こんなあいさつが
いつもできるといいね

一日の中でもあいさつをするチャンスは、いっぱいあるよ。
かんたんに言えるあいさつばかりだから、ぜひ使ってみよう！

おはよう　バイバイ

「おはよう！」「バイバイ！」は
あいさつの基本。
だれかと顔を合わせたら
目を見て言おう。

ありがとう

何かしてもらったら、
「ありがとう」と言えると、
言われた人はうれしいきもちに
なるよ。

ごめんね

悪いことをして
しまったときは、すぐに
「ごめんね」と言って
きもちを伝えよう。

ありがとうございます
ごめんなさい

目上の人（大人の人）に
あいさつをするときは、
ていねいな言葉を使おう。

どんな話しかけ方を
しているかな？
当てはまる
答えを選んでね。

どんなふうに話しかける？

A 最初から親しく
話しかける

B あいさつをして
から話す

Yes

スタート

あなたは
お友だちになりたいと
思っている子に、
自分から話しかける？

No

C 話しかけたいけど、
もじもじしてしまう

D 向こうから話し
かけられるのを待つ

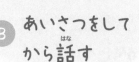

あなたの話しかけ方は？

Ⓐ 最初から親しく話しかける

親しく話すのはとてもいいこと。
なかよくなる近道かもしれないね。
でも、急に話しかけられると、お友だちも
びっくりしてしまうかもしれないよ。

Ⓑ あいさつをしてから話す

あいさつをすると、お友だちもあいさつを、
返してくれるようになるかも。
次に話しかけるときも、安心して話すことができるね。

Ⓒ 話しかけたいけど、もじもじしてしまう

話しかけたくても、はずかしくて話せないときってあるよね。
だけど、勇気を持って話しかけてみよう。
そうすればお友だちになってくれるかも！

Ⓓ 向こうから話しかけられるのを待つ

話しかけないで待っていると、
お友だちは「一人でいたいのかな」と、
思ってしまうかもしれないね。
「こんにちは」からでも話しかけてみよう！

17

どんな人でも
話しかけられるとうれしいよ！

まだ、しゃべったことがないお友だちに、
話しかけるってドキドキするよね。
でも、あなたもだれかに話しかけられたら、
「うれしい！」って思うでしょう？
それはほかの人も同じ。
だから、自分から勇気を出して笑顔で話しかけてみよう。
お友だちもきっと笑顔でこたえてくれるよ！

こんなふうに
話しかけてみよう！

だれでもできる話しかけ方だよ。勇気を出して話しかけてみてね。

1.あいさつをしよう！

「おはよう！」「バイバイ！」「また明日ね」と、
最初はあいさつから、始めてみよう。
それが、お友だちになる第一歩。
「〇〇ちゃん」とあいさつの前に、お友だちになりたい子の
名前をつけて話しかければ、きょりがちぢまるよ！

2.自分から声をかけてみよう！

お友だちになりたいと思う子に、自分から話しかけてみよう。
そうすれば、お友だちも心を開いてくれて、
なかよく話せるようになるかもしれないね。

3.いっしょに何かをやってみよう！

いっしょに遊んだり、
いっしょに何かをしたりすると、相手のことがもっとよくわかるよ。
気になっているお友だちがいたら、さそってみよう。
話をするチャンスがつくれるね。

自分のことを話してみよう！

話しかけるとき、
自分のことを
どんなふうに伝えている？
選んでみよう

A 名前だけ
伝える

B 聞かれなければ
話さない

C 名前以外に
いろいろ話す

A を選んだあなた

自分の名前を伝えるのは、とても大切なこと。
名前を知ってもらって、呼んでもらえたらうれしいよね。
だけど名前だけでは、あなたがどんな人か、
よくわからないから、ほかにも話してみよう。

B を選んだあなた

自分のことを話すのは苦手？
ちょっとはずかしいかもしれないけれど
自分のことを話してあげると、相手はあなたのことが
いろいろわかってうれしいはずだよ。
もっとなかよくなれるかもしれないよ！

C を選んだあなた

名前以外に、ちゃんと自分のことを話せるあなたは、
お友だちづくりが上手かも!?
自分のことを話すだけじゃなくて、
相手のお話も聞けたら、パーフェクト！

自分のことを
知ってもらうとうれしい

お友だちに自分のことを知ってもらうのは、
とてもうれしいことだよね。
名前はもちろん、どんなせいかくで、
何が好きかなどを知ってもらったら、
お友だちとのきょりも一気にちぢまる気がしない？
たとえうまく話せなくても、自分の言葉で伝えたら、
きっとお友だちも
あなたのことをわかってくれるよ。

じこしょうかいを
してみよう！

じこしょうかいってとても大事。
お友だちに自分のいろいろなことを
知ってもらえたら、
なかがよくなるきっかけにできるよ。

下のプロフィールカードを参考にして、
自分のカードをつくってみよう！
好きなもの、きらいなもの、
自分の得意なことや、がんばっていることなどを書いておくと
じこしょうかいが上手にできるよ。

プロフィールカード

名前
好きなもの
きらいなもの
得意なこと
がんばっていること

お友だちのことをどれくらい知っている？

あなたはどんなふうに
お友だちのことを
聞き出せているかな？

A 最初から
いろいろと
聞き出す

B ていねいな言葉で
話しかける

C もじもじして
なかなか
聞けない

D 自分のことも
話しながら
聞く

何を聞いているかな？

Ⓐ 最初からいろいろと聞き出す

急に根ほり葉ほり聞かれると
びっくりする子もいるかもしれないね。
だから、相手の様子を見ながら話すのがいいね。

Ⓑ ていねいな言葉で話しかける

ていねいな言葉で話すことは大切。
でも同年代のお友だちだと、少しきんちょうさせてしまうことも
あるよ。相手が話しやすいような言葉を見つけてみよう。

Ⓒ もじもじしてなかなか聞けない

お友だちのことを聞くのはきんちょうするね。
でももしかしたら相手も同じかも。
あなたが勇気を出して聞いてみたら、
お友だちも話しやすいはずだよ。

Ⓓ 自分のことも話しながら聞く

初めに自分のことを話してくれたら、お友だちも
安心して自分のことを話せるかもしれないね。
自分だけがしゃべりすぎず、おたがいが順番に話せたらいいね。

お友だちのことを知ると
もっとなかよくなれるよ！

お友だちができたら、どんなものが好きか、
何にきょうみがあるか、いろいろ聞いてみよう。
好きなものが自分と同じだったら、それだけで話がはずむし、
自分とちがっていたら、相手が好きなものを
いろいろと教えてもらっちゃおう。
お友だちとのあいだに
会話のキャッチボールが生まれるはずだよ。

こんなふうに
聞（き）いてみよう！

なかよくなるコツはおたがいを知（し）ること。
何（なに）を聞（き）いたらよいかわからないときは、まずはこの３つから始（はじ）めてみよう。

1.好（す）きなことを聞（き）こう

わたしは○○が好（す）きなんだけど、
○○ちゃんの好（す）きなことは何（なに）？

好（す）きなことを教（おし）え合（あ）うと、もっとなかよくなれるはずだよ。

2.食（た）べものの好（す）き・きらいを教（おし）えてもらおう

わたしは○○が好（す）きなんだ。
○○ちゃんは何（なに）が好（す）き？

食（た）べもののことだったら、気軽（きがる）に聞（き）けるよね。

3.苦手（にがて）な勉強（べんきょう）は？

わたしは○○が苦手（にがて）★なんだけど、
○○くんは何（なに）が苦手（にがて）？

苦手（にがて）なものがわかり合（あ）えると、きもちが通（つう）じ合（あ）う気（き）がするよね。

★「苦手（にがて）」ってこんなこと
…きらいじゃないけれど、なんとなく気がすすまなかったり、うまくいかなかったりする
ことだよ。

聞き上手ってどんな人？

みんなで話して
いるときの
あなたは？

A だれかの話に
笑ったり、
手をたたいたりする
リアクションタイプ

アハハ！

B 相づちを
打つタイプ

へぇ、
そうなんだ！

・・・・・・

C 静かに
うなずいている
タイプ

それでさ、
○○がね。

D 自分からどんどん
話すタイプ

あなたはどれくらい聞き上手？

A リアクションタイプ… レベル4

話す人にとって、聞く人の表情やしぐさが伝わってくると
とても話しやすくなるもの。
そんなあなたは聞き上手さん！
次は自分の話をしてみると、もっとなかよしになれるかも。

B 相づちを打つタイプ… レベル3

相づちを打ってくれると、相手はスムーズに話せるね。
でも、相づちばかりだと「どう思ってるのかな？」と
不安になることも。ときどき、笑ったり、「わたしはこう思う」
などの意見を言ってあげたりできるともっといいね。

C うなずくタイプ… レベル2

ニコニコして聞いてくれる人には、安心して話ができるよね。
でも何も言わないと、話している人は不安に思うことも。
「うんうん」とか「へえ」などと、
声を出してみると聞き上手さんレベルがさらにアップするよ。

D 自分から話すタイプ… レベル1

自分から話すタイプのあなたは、話し上手さん。
あなたのおかけで話しやすいふんいきがつくられていることが
たくさんあるはず。今度は、お友だちの話を聞いてあげられる
「聞き上手さん」に挑戦してみよう。

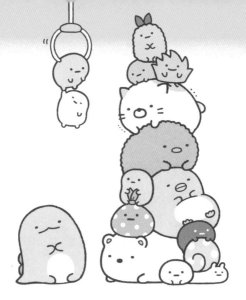

聞き上手になると会話がもっと楽しくなる！

だれにも言えずに、もやもやしていることを、
お友だちに聞いてもらったら、
心が軽くなったってことあるよね。
あなたはお友だちの話を聞いてあげられているかな？
相手をよく見て、一生けん命に耳をかたむけよう。
それだけでも、お友だちは安心して話ができるし、
会話をしていても楽しくなるよ。

聞き上手になる 4つのポイント

「聞き上手」になるには、まずこの4つを心がけてみよう。
自然と上手に話を聞けるようになるよ。

1.相手の目を見よう

「そうなんだ！」と話している人の目を見て聞いてあげると、
あなたがきちんと聞いていることが伝わるよ。

2.相手に合わせよう

お友だちが笑ったときは、自分も笑うなど、
自分の表情を、相手と合わせてみよう。
お友だちは、「きもちが通じ合ってるな」と感じて、話しやすくなるよ。

3.うなずいたり、相づちを打とう

お友だちが一生けん命に話しているときは、
うなずいたり、「そうだよね」などと相づちを打ったりしよう。
ちゃんと耳をかたむけていることが、わかってもらえるよ。

4.最後まで聞こう

話をさえぎらずに、最後まで話を聞こう。お友だちは、最後まで聞い
てもらえたらうれしいし、お友だちが言いたかったことがわかるよ。

会話を盛り上げるには？

みんなで
会話するときの
あなたは？

A　みんなに話しかける

B　だれか一人に
　　向けて話す

← Yes　∥スタート∥

Q みんなで
話しているとき、
自分から
しゃべるほう？

↓ No

C　だまって話を聞く

D　話しかけられたら
　　答える

どんなふうに話しかけているかな？

A みんなに話しかける

みんなにまんべんなく話しかけると、
そこにいるお友だちみんなが、会話に加わることができるよね。
あなたは盛り上げ上手かも！

B だれか一人に向けて話す

だれも話し出さなかったら気まずいよね。
だれか一人にでも話しかけるあなたは勇気がある！
その会話からみんなが参加できる話題になったら
もっとすてきだね。

C だまって話を聞く

お友だちの話を聞けるあなたは、聞き上手さん。
だけど、話しているお友だちは、
だまっていると「つまらなかったかな？」って
不安になっちゃうことも。
思ったことや感じたことを声に出してみよう。

D 話しかけられたら答える

どちらかというと、聞き上手なあなた。
せっかくだから自分からも話しかけてみよう。
あなたのように、話しかけられるのを待っている人がいるはず。
そんな人を見つけて話しかけたらきっと喜ぶよ！

みんなが話に入れたら
もっとなかよしになるよ！

会話がはずむときって、
そこにいるみんなが、会話に加われているときだよね。
会話に入れないお友だちがいたり、
同じ人がずっとしゃべりっぱなしだったりは
つまらない！
だから、みんなに話しかけたり、話題を広げたりして、
盛り上げるように工夫してみよう！

みんなでなかよく 話そう!

みんなでお話しするときは、下の図のように
話す人も聞く人も、言葉を交わせるようになるといいよね。
聞く人どうしも、「おもしろいね」などと言い合えると
ますます会話が盛り上がりそう!

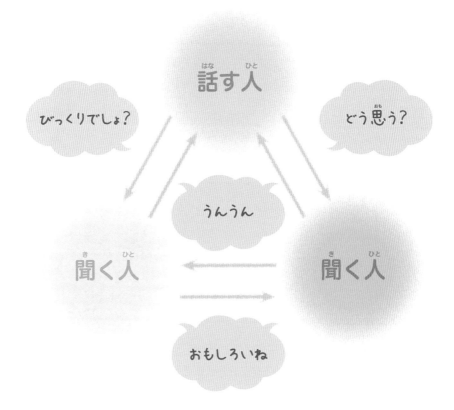

話す人

びっくりでしょ?

どう思う?

うんうん

聞く人

聞く人

おもしろいね

「ふわっと言葉」と「ちくっと言葉」

お友だちがかぜをひいて
約束がナシに。
あなたは、何と言う?

A せっかく
さそったのに!

B かぜが治ったら
遊ぼうね

C (何も言わない)

D また今度ね!

「ふわっと言葉」？「ちくっと言葉」？

人を元気にできる言葉を「ふわっと言葉」、
人をきずつけるような言葉を「ちくっと言葉」と言うよ。
あなたが選んだ言葉は、どっちだったかな？

A せっかくさそったのに！… ちくっと言葉

かぜをひいちゃったから、約束を守れないのは
仕方がないこと。だから、こんなふうに
言ったら、お友だちは悲しいきもちになるよね。

B かぜが治ったら遊ぼうね… ふわっと言葉

約束をやぶったことより、体の心配を
してくれたことに、お友だちはほっとするはず。
「早くかぜを治そう！」と思えそうだよね。

C （何も言わない）… ちくっと言葉

お友だちはあなたから何も言われないと、とても気にするはず。
言葉じゃなくても、相手をきずつける態度は
「ちくっと言葉」に入るよ。

D また今度ね！… ふわっと言葉

やさしさが伝わる、ふわっと言葉だね。
「早く治るといいね。お大事に」など
体を心配する言葉をつけたら
もっとすてき！

やっほー

「ふわっと言葉」を使うと みんなきもちよくなるよ

人を元気づける「ふわっと言葉」を
たくさん言えると、
あなたもまわりの人も、きもちよくすごせるよ。
小さなことにも「ありがとう」「うれしい」と
口に出すようにしよう。
それだけで、お友だちの心を
もっと温かくできるんだ。

「ちくっと言葉」より
「ふわっと言葉」！

下に書いてあるもの以外にも、
「ふわっと言葉」や「ちくっと言葉」をそれぞれ探して書いてみよう。
「ちくっと言葉」は、なるべく言わないように気をつけて。
「ふわっと言葉」はどんどん使うようにしよう。

ちくっと言葉

つまんない

きらい

そんなのも
できないの？

ムカつく

ちくった

うざい

変な顔

ばか！

なんか変

何やってんの？

など…

ふわっと言葉

気にしないで

やさしい

上手だね

好き

見習いたいな

ありがとう

だいじょうぶだよ

うれしい

助かったよ

すてきだね

など…

お友だちどうしで遊ぶときのマナー

Q1 お友だちにものを拾ってもらったとき

① 「ありがとう」と言う

② だまって受け取る

Q2 お友だちからものを借りたとき

① 使い終わったらすぐに返す

② 気が向いたときに返す

Q3 お友だちのものをこわしてしまったとき

① すぐにあやまる

② 気づくまで放っておく

Q4 お友だちと遊んで別れるとき

① 「またね」と言う

② だまって帰る

40

どっちが多かったかな？

① が多かった人

「親しきなかにも礼ぎあり」ということわざを知っている？
どんなになかがよくても、
ルールは守ろうという意味の言葉だよ。
① が多かったあなたは、この教え通り、
ルールを守れているみたい！
その調子でがんばろう。

② が多かった人

家族みたいに、なかのいいお友だちがいるってすばらしいこと。
でも、ひょっとしたらお友だちは、
あなたの態度にいやな思いをしているかも。
② が多かったあなたは、もういちど考えてみよう。
なかがよくても、「ありがとう」や「ごめんね」が
きちんと言えることは大切だよ。

マナーを守ると
自分も相手もきもちいいね

「なかよしだから」って相手を気づかわなくなると、
知らないうちに、いやな思いを
させてしまうことがあるよ。
だから、なかのいいお友だちどうしでも、
「ありがとう」や「ごめんなさい」はきちんと言おう。
マナーを守れば、おたがいにきもちよくすごせるんだ。

お友だちとずっと
なかよくするための
基本のマナー

ずっとなかよしでいるために、
まずはこんなことに気をつけよう。

1. すぐお礼を言おう

何かしてもらったら、すぐに「ありがとう」と言おう。
「言わなくてもわかるかな」と思って、きもちを伝えないでいると、
相手は「よけいなことをしたかな？」と不安になることも。

2. 借りたものはすぐ返そう

お友だちからものをかしてもらったら、
使い終わったときにすぐに返そう。
返すとき、お礼を言うのも忘れずにね。

3. すぐあやまろう

「悪いことをしたな」と思ったら、すぐにあやまろう。
だまっていたら、相手はいやなきもちのまま。
すなおにあやまれば、きっとあなたのきもちが伝わるよ。

こんなとき、どうする？

お友だちが
泣いているとき、
あなたは？

A 「なぜ泣いているの？」と
やさしく聞く

B 「何かあったの？
よかったら聞かせて」と
話しかける

Yes ↑

‖スタート‖

Q お友だちが
泣いていたら、
自分から
話しかける？

↓ No

C 相談されるのを待つ

D 関わらないようにする

44

どれを選んだかな？

Ⓐ 「なぜ泣いているの？」とやさしく聞く

泣いている子を心配して、声をかけてあげられるのはすてきだね。
さらにやさしく話しかけられたら、もっときもちが伝わるね。

Ⓑ 「何かあったの？ よかったら聞かせて」と話しかける

こんなふうに声をかけてくれたら、
お友だちもなやみごとを打ち明けやすいね。
「もし言いたくないなら、無理には聞かないよ」という態度が
伝わるように心がけよう。

Ⓒ 相談されるのを待つ

相談されてから、助けるのもいいね。
「いつでも話を聞けるよ」というきもちが伝わるような態度や
「どうしたの？」などひと声かけてあげるともっといいね。

Ⓓ 関わらないようにする

「お友だちの問題だから、関わらない」という考え方もあるね。
でも、なかよしのお友だちなら声をかけてあげよう。
話したいと思っているかもしれないよ。

相手のきもちになって
考えられたらいいね

お友だちがこまっていたら、
「力になりたい」「助けたい」って思うよね。
でも、何をしてあげられるのか、
すぐにはわからないもの。
そんなとき、まずはやさしく声をかけて、
相手のきもちをかくにんしよう。
お友だちは、だれかが自分を心配してくれていると
わかるだけでも、きもちが落ち着くはずだよ。

こんなふうに
声をかけてみよう!

お友だちがほっとできるひと言を集めてみたよ。

「どうしたの?」

こまった顔をしているお友だちがいたら、まずは声をかけよう!

「話を聞くよ」

「なんでも聞くよ、わたしはあなたの味方だよ」と、態度で表そう。

「手伝おうか?」

助けが必要そうなときは、声をかけて手伝ってあげよう!

「だいじょうぶ? 何かあった?」

こまった顔をしているお友だちがいたら、まずは声をかけよう!

意見がちがったら？

もしも
お友だちと意見が
ちがったら？

Q お友だちからおうちにさそわれたけど、
公園に行きたいよ。
どんなふうに言う？

A 公園に行きたいけど、
「うん、おうちに遊びに
行くね」と言う

B 何も言えない

C 「おうちもいいよね。
でも今日は公園に
行きたいな」と言う

48

Ⓐ 公園に行きたいけど、 「うん、おうちに遊びに行くね」と言う

お友だちにさそわれたら、ことわりにくいよね。
でも、ちゃんと自分のきもちも伝えてみよう。
お友だちも、あなたに無理に合わせてほしいとは
思っていないはずだよ。

Ⓑ 何も言えない

こまってしまって、言葉が出ないこともあるよね。
でも、何も言わないでいると、お友だちは
あなたがどうしたいのかわからなくて、
こまってしまうね。

Ⓒ 「おうちもいいよね。 でも今日は公園に行きたいな」と言う

お友だちの意見を聞いたうえで、
自分のしたいことを
きちんと言えているあなた。
意見がちがうときは、
おたがいに話し合えばいいんだ！

49

おたがいの意見を
みとめよう！

お友だちと意見がちがうと、
「自分の意見を言ったらきずつけたり、きらわれたり
するかもしれない」って、不安になるよね。
でも、おたがいのきもちをわかり合うためには
お友だちの意見を聞いたら、
ちゃんと自分の意見も言うことが大事なんだ。
意見がちがうことは、悪いことじゃないんだよ。

相手を
きずつけずに
意見を伝えよう

どうやったらきちんと意見を伝えられるかな？
まずは自分がきちんと聞くことが大事だよ。

1.相手の意見をみとめよう

お友だちにはお友だちの意見があるよ。
自分とちがったとしても、
「そういう意見もあるんだ」ときちんと聞こう。

2.自分の意見を言おう

「自分はこう思うよ」と伝えよう。
このとき、相手の意見を悪く言ったり、
「自分の意見のほうがいい！」と
相手に押しつけたりすると
相手をきずつけてしまうよ。
落ち着いてやさしい言葉で意見を交かんするのが
きもちをわかり合うためのポイントだよ。

上手なことわり方

「おうちに来て！」
お友だちにさそわれたけど
用事があって行けない。
そんなとき、どんなふうにことわる？

A 「いやだ！」

B 「どうしようかな…」

C 「ごめんね、用事があって
行けないんだ。
またさそってね」

どんなふうに思われるかな？

Ⓐ 「いやだ！」

自分の意見をきちんと言うのは大事だね。
でも、きつい言い方をしたら、
お友だちはとても悲しいきもちになるよ。
言い方には気をつけよう。

Ⓑ 「どうしようかな…」

お友だちのせっかくのおさそい、ことわりづらいよね。
でも、お返事がもらえないと、
お友だちもどうしていいかわからず、
こまってしまうよ。
お返事は、はっきり伝えよう。

**Ⓒ 「ごめんね、用事があって行けないんだ。
またさそってね」**

「用事がある」と、理由をきちんと言ってことわっているね。
そのうえ「ごめんね」「またさそってね」と
相手のきもちをきずつけないようにしている。
これって、とても上手なことわり方だね！

ことわるときは、
やさしく、はっきりと！

あなたがお友だちを遊びにさそって、
そっけなく★ことわられたら、
「もしかして、きらわれているのかな？」って、
悲しいきもちになるよね。
だから、やさしい言葉を使おう。
でも、ことわるときは、できないことを
はっきりと伝えるのがポイントだよ。

★「そっけない」ってこんなこと
…相手に対する思いやりがなかったり、足りなかったりすることだよ。

やさしく、はっきり
ことわるコツ!

相手にいやなきもちにさせないことわり方があるよ。
そのコツを教えるね。

1. きもちを伝える

「せっかくなのに、ごめんね」や、
「さそってもらえて、うれしいよ」など、
あなたのすなおなきもちを、やさしい言葉で伝えよう。

2. はっきりしない言葉は使わない

「行きたいんだけど…」などと、はっきりしないお返事をすると、
相手は「まよっているのかな?」と、かんちがいしてしまうよ。
ことわるときは、はっきりと伝えよう。

3. ことわる理由を言う

理由がわからないと、
「わたしのこと、好きじゃないのかな?」と
お友だちは不安になってしまうよ。
なぜことわるのか、理由がわかれば、お友だちも
「そうなんだ、それなら仕方ないね」って思えるよね。

すみっこぐらし™

しろくまのともだち

ある日しろくまがでかけていると ぺんぎん（本物）とばったり。

ぺんぎん（本物）はしろくまが 北にいたころに出会ったともだちでした。

？
どうぞどうぞ
ほんもの…？
じ—

いちばんすみっこの とくとうせきに ごめんない…

だれ…？
やぁ
!?

これはしろくまがまだすみっこでくらす前。 北にいたころのおはなし…。

さむがりなしろくまがいつものように さむがっていると、ぺんぎん（本物）が たずねてきていました。

ぺんぎん（本物）はとおい南から やってきて今は世界中を旅しています。 南にあたたかい海があることをしろくまに おしえてくれました。

へ—
あたたかい うみがあるよ

しばらくして ぺんぎん（本物）は また次の旅へ…。

ばいばい
またね
ひ

南のあたたかい海の話がわすれられないしろくまは、 北から旅立つことにしました。

こうしてしろくまは とあるすみっこにたどりついて すみっこたちと出会ったのでした。

ぺんぎん（本物）はすみっこたちに 旅のおみやげをわけてくれました。

自分がぺんぎんかどうか自信がない ぺんぎん？は、ぺんぎん（本物）に ちょっとやきもち…。

じっ…
わい
わい

ぺんぎん（本物）は 次の旅のために すみっこを後にしたのでした。

またね

たのしいじかんはあっという間。

かんぱい
すっかりうちとけました。

それ おいしいの？
えっ…
そんなぺんぎん？にもフレンドリーな ぺんぎん（本物）。

フレンドリーなぺんぎん（本物）とすごす時間は楽しかったみたいだね。
久しぶりやはじめましてのお友だちともどんどんお話してみよう。

56

第2章

なかよしって
何だろう？

お友だちと、もっとなかよくなりたい！
仲間をふやしたい！
そんなときに役立つヒントを集めたよ。

みんなとなかよくしたい！

お友だちと
出かける場所を決めるとき
あなたはどうしている？

A 自分から
出かける場所を
決める

B みんなの都合を
聞いてまとめる

C だれかの意見を
後おしする

D どこでもいいので
意見を言わないで
見守る

A を選んだあなた

みんなを引っぱる、リーダータイプだね。
自分の意見をきちんと言えるのは、
すばらしいことだよ。

B を選んだあなた

グループにいる、一人ひとりの都合を聞くのは
ちょっと大変だけど、
それをきちんとできるあなたは、
グループのまとめ役タイプだね。

C を選んだあなた

お友だちの意見をおうえんできるあなたは、
お友だちにとって、心強いそんざい。
相手を思いやれるやさしいきもちの持ち主だね。

D を選んだあなた

あなたは、とても冷静なタイプ。
グループになくてはならない人だと
みんなに思われていそうだね。

自分を知ると、みんなと もっとなかよくなれる！

自分はどんな人かを知ると、
お友だちといっしょに遊んだり、
話をするときにどんなふうにしたらいいか
わかってくるよ。
自分のキャラクターを出していけば
自然とみんなとなかよくなれるし、
みんなのよさがどんどんわかるようになるはず！

キャラクターを出すコツ

たとえば、クラスでなかなか意見がまとまらなかった場合、
こんなふうにするといいよ。

「今日はこれにしよう！」

リーダータイプのあなたが、はっきり言ったら
みんなもきっとうなずくはず。

「さんせいする人が多い意見に決めよう」

まとめ役のあなたなら、こんなふうに言うのはどう？
不公平がなくていいよね。

「〇〇ちゃんの意見が一番いいな」

サポートが上手な人は、自分のきもちに一番近い人の意見を
おうえんしよう。

「△△くんと□□ちゃんの意見がいいと思った」

どんな意見でも受け入れるあなた。でも、いいなと思った意見を
ふたつくらいにしぼると、みんなにも自分のきもちが伝わりやすいね。

みんなのキャラ、もっと知りたい！

あなたの
クラスメイトを家族に
当てはめてみよう。

Ⓐ お父さんや
お母さん

Ⓑ お兄ちゃんや
お姉ちゃん

Ⓒ 弟や妹

Ⓓ おじいちゃんや
おばあちゃん

...

あなたのまわりのみんなは
どんなキャラだった？

A お父さんやお母さん

Aに当てはまるお友だちは、あなたのことを一番に
考えてくれたり、どうしたらよいか教えてくれたりする
頼れるそんざいかな？　物知りでしっかり者タイプなんだね。

B お兄ちゃんやお姉ちゃん

Bに当てはまるお友だちは、まわりのめんどうを見てくれて、
ぐいぐい引っぱっていくタイプ。
みんなのリーダー役にぴったりだろうね。

C 弟や妹

Cに当てはまるお友だちは、おもしろいことを言ったり
ときにはふざけてみたりする盛り上げ役？
その場のふんいきをパッと明るくしてくれるタイプかな。

D おじいちゃんやおばあちゃん

Dに当てはまるお友だちは、いつもニコニコしていたり、
話を「うんうん」なんて聞いてくれたりする、
いてくれるだけで安心する人かな？
みんなをいやしてくれるタイプだね。

お友だちのキャラを知ると
話しやすくなるよ！

クラスの中には
いろいろなキャラクターの人がいるよね。
ちがうキャラクターどうしがふれ合うことで
新しい発見が生まれたり、えいきょうし合ったり…。
それを「お友だちマジック」と言うんだ。
マジックが起こると、
クラスですごす時間が、どんどん楽しくなる！

「お友だちマジック」

いろいろなお友だちがいっしょになると、
「お友だちマジック」ができるよ。

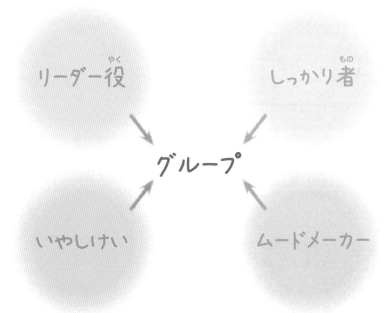

リーダー役

しっかり者

グループ

いやしけい

ムードメーカー

いろいろなキャラクターが集まると、
思いがけないほうに話がころがって盛り上がったり、
自分やお友だちの知らない一面が飛び出したりすることってあるよね。
クラス全体がなかよくなると、まるで魔法みたいに
いろいろな楽しいことが飛び出すよ。
そんな「お友だちマジック」ってすてきだよね。

おしゃべりで気をつけることとは？

クラスの子と話すときの
自分に当てはまるものを
☑チェックしてみよう！

- □ とりあえず最後まで
  話し続ける！

- □ 自分から話題を
  出すほう

- □ 話のとちゅうでだれかに
  話題を変えられるのは
  いやだ

- □ 人の話をさえぎって
  話すことがある

- □ 聞き役は苦手だ

- □ だれかが話していても
  いつの間にか
  自分の話をしている

いくつ気をつけているかな？

6つ

あなたは、かなりのおしゃべりさんかも？
きっと話したいことがたくさんあって、おしゃべりが上手なんだね。
でも、たまには聞き役になることも大切だよ。
自分とお友だちが半分ずつくらいで話しているとおたがいが楽しいよ。

4〜5つ

あなたは、おしゃべりさん度は中くらいかな。
ほかのお友だちのお話にも、耳をかたむけられているのはいいことだよ。
おしゃべりはするのも楽しいけど、聞くのも楽しいよね。

1〜3つ

どちらかというと、自分からせっきょく的に
おしゃべりするほうじゃないのかな？
自分が話したことで、みんなが笑ったり、
おどろいたりすると楽しくなるよ。
チャンスがあれば、自分で話題をつくろう！

0

聞き役もいいけれど、たまにはみんなも
あなたのおしゃべりを聞きたがっているかも。
きもちをとじこめないで、
言いたいことを言うのもときには大事だよ。

楽しく話せるとみんな うれしいよ！

グループの中で話をするとき、
お友だちの話を聞いてあげたり、
自分の意見をちゃんと伝えたりし合えるといいね。
だけど、思い通りにならないときや、
うまく話がまとまらないときはおこったりしないで、
どうしたらまとまるかをちゃんと考えると
だれとでも話が楽しくできるようになるよ。

おしゃべりのときの
ルール

みんながきもちよく話をするための
ルールがあるよ。

よい例

1. 相手の話を聞く
2. 自分の意見をきちんと言う
3. 思い通りにならないときは、
　どうすればいいか、よく考える

悪い例

1. 人の話をあまり聞かない
2. 自分の意見を強く言う
3. 思い通りにならないとおこる

クラスの子が
ポツンとしていたら？

クラスにさびしそうな
子がいたよ。
あなたならどうする？

‖ スタート ‖

その子に
声をかける？

かける

A 明るく
「おいでよ!」と
さそう

B お友だちに
相談してさそう

かけない

C 向こうから
声をかけてくる
まで待つ

D そのままにする

70

Ⓐ 明るく「おいでよ！」とさそう

あなたのそのひと言が、その子にとって、とっても
うれしいはずだよ。そのうれしさが、あなたにも伝わって
ハッピーなきもちになれそうだね。

Ⓑ お友だちに相談してさそう

「いやがられちゃうかも…」って自信がないときは、
一人では声をかけづらかったり、
相手にことわられちゃうかもと思ったりするよね。
そんなときは、お友だちと相談して、
いっしょに声をかけてもいいかもしれないね。

Ⓒ 向こうから声をかけてくるまで待つ

いつもポツンとしているのなら、その子は
自分からほかの子に声をかけられないタイプかも。
だから、待っているより、あなたから
声をかけたほうがよさそうだね。

Ⓓ そのままにする

「声をかけないほうがいいのかな…」っていう
きもちがブレーキをかけちゃうこともある。
でも、だれでも声をかけられたらうれしいよ。
そのままにしないで、声をかけてみよう。

友だちがふえると
もっと楽しくなるよ！

仲間に入りたいと思っている子のことを、
気にかけられるのは、あなたがまわりの子を
気づかえる心を持っているからだよ。
「入りたいのかな？」って相手のきもちを、
考えられるのはとてもすてきなこと。
だれでも声をかけられるとうれしいし、
お友だちがふえると、もっと楽しくなるね！

新しいお友だちに インタビューしよう!

仲間に入ってくれた子が、まだぎこちなくしていたら、
インタビューごっこをするのがおすすめだよ。
カードをつくって書きこんでもらっても◎!

好きなもの、きらいなもの、好きなことなどを聞いてみよう!

名前
好きなもの
きらいなもの
好きなこと
特ぎ

新しいお友だちのカードができたら、
クラスのみんなの前で発表してみよう!
たとえば「○○ちゃんの好きなことはなんでしょう?
ヒントは△△!」など、
クイズ形式にすると教室が盛り上がるかも!

ないしょ話って悪いこと？

あなたがないしょ話を
するとき、何について
話すかな？

A 本当かどうか
わからない
うわさ話

B お友だちの
かげ口

C お友だちの
いい話

D ないしょ話は
しない

どんな話をしているかな？

A 本当かどうかわからないうわさ話

「○○ちゃんて△△なんだって」なんて、
本人から聞いていない話をするのは、よくないよ。
それが、本当の話だとしても、かげでこそこそ言われたら
本人はきずつくかもしれないんだ。

B お友だちのかげ口

お友だちに直してほしいことがあったら
かげでこそこそと言わずに、
本人に伝えたほうがいいね。
かげで言われると、だれだってとても気分が悪くなるよ。

C お友だちのいい話

お友だちの好きなところ、すてきなところを見つけたら、
ないしょ話になんかしないで、本人に直接伝えてみよう。
いい話なのにかげでこそこそと言っていると
悪いことを言っているように、ごかいされちゃうかも。

D ないしょ話はしない

A〜Cを読んでもわかるとおり、
ないしょ話はしないのが一番だよ！
人をいやなきもちにさせることや、
ごかいを生むもとなんだ。

ないしょ話をするのは
どんなときもよくないよ！

もし、お友だちにないしょ話をされてたら、
どんなきもちになるか考えてみよう。
いやなきもちになるし、不安に感じるよね。
「自分の悪口を言っているのかな？」なんて
そうぞうしちゃうことだってあるんじゃない？
それはだれでもいっしょだよ。
だから、ないしょ話はどんなときでもナシ！

きーん

かんぱい

ないしょ話をしないコツ

ちょっと気をつけるだけで、
ないしょ話はやめられるよ。

1. 直してほしいことは直接伝える

お友だちに直してほしいことがあったら、
勇気を出して、やさしく相手に伝えよう。
ないしょ話をするだけでは何もかい決しないよ。
直接伝えればわかってもらえるはずだよ。

2. いい話はお友だちがいるときにする

お友だちのいいところは直接本人に伝えてみよう。
言われたら、とてもうれしいし、
言ったあなたもハッピーな気分になれるはずだよ。

3. 本当かどうかわからない話はしない

ないしょでうわさ話をむやみに広めてしまうと、
本当の話だと信じてしまう人も出てくるかも。
そのせいできずつく人がいることを忘れないでね。

自分勝手なお友だちがいるけど…

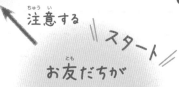

自分勝手な
お友だちがいるよ。
どんなふうに注意する？

Ⓐ 理由を聞いてから
注意する

Ⓑ まずははっきり
言う

注意する ‖ スタート ‖

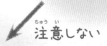

お友だちが
そうじを
サボったら？

注意しない

Ⓒ 先生や大人に
注意してもらう

Ⓓ 特に何もしない

ちらっ…

どんなふうに注意するかな？

A 理由を聞いてから注意する

なぜ自分勝手なことをするのか、理由を聞くのはとてもいいね。
理由を知ったら、「それならこうしたほうがいいね」などと
アドバイスできるかもしれないよ。

B まずははっきり言う

はっきり言うことも、ときには大事。
でも、言われたほうはすなおに受け止められないかもね。
自分勝手なことをするのは、理由があるかも。
それを聞いてみるのも大切だね。

C 先生や大人に注意してもらう

先生などに注意してもらうのもひとつの手だね。
でも、かい決するのはその場だけかもしれないよ。
その場にいた人たちで話し合うことも必要かも。

D 特に何もしない

お友だちが自分勝手なことを続けていたら
まわりのみんなはいやになっちゃうかもしれない。
それを何もしないで放っておくのは、できたらさけたいよね。

なかよしだからこそ、注意する勇気を持とう！

お友だちが悪気なく、まわりの人をきずつけたり、
めいわくをかけたりしていたら、
それを教えてあげられるといいよね。
注意するって勇気がいるけれど、
あなたのひと言でお友だちが、
もっとすてきな人になるかもしれないよ。

上手に注意するコツ

注意するときは、その言い方がとても大切なんだ。
やさしく相手のきもちを思いやりながら話すか、
強い口調できびしく言うかで相手の受け取り方も全然ちがうよ。

1. ケンカのもとになる注意はやめよう

ワガママは
やめて！

ムカつく！

サイテー

2. 聞いてもらいやすい注意に

きもちは
よくわかるよ。
でも…

どうしたの？
みんなが
こまっているみたいよ

どうしたらいいか
いっしょに
考えよう

お友だちとケンカしちゃった！

ケンカしたら
あなたは
どうする？

A 自分から
すぐにあやまる

B なんでケンカしたのか
考えてからあやまる

← あやまる

‖ スタート ‖

ケンカを
しちゃった！

↓ あやまらない

C 相手が
あやまるまで待つ

D そのままにする

あなたはなか直り上手？

Ⓐ 自分からすぐにあやまる

ケンカのほとんどは、
自分と相手のどちらにも悪かったところがあるんだ。
自分からすぐにあやまれるあなたは、とてもすてきだね。

Ⓑ なんでケンカしたのか
考えてからあやまる

どうしてケンカになったのかを、きちんとふり返れば
同じことをくり返さずにすむね。
ただ、時間がたつとなか直りしにくくなるので気をつけよう。

Ⓒ 相手があやまるまで待つ

もしかして、相手もあやまってくれるのを
待っているのかもしれないよ。
自分に悪いところはなかったかな？
少しでも心当たりがあるなら、自分から声をかけてみよう。

Ⓓ そのままにする

ケンカしてそのまま口もきかなくなってしまったら、
なか直りのきっかけが見つかりにくくなるよ。
自分がいやだと思ったことを話したり、
相手の意見も聞いて、悪いと思ったことはあやまろう。

ケンカをするのは なかがいいしょうこ。 すぐになか直りしよう！

ケンカをしてしまったら、
どうしてケンカになったか、ふり返るといいかもね。
自分が悪いと思ったら、すぐにあやまろう。
お友だちが悪いと思っても、
理由があるかもしれないから、
話を聞いてみるのも大事だよ。

どんなふうに
なか直りする?

コツさえわかれば、すぐになか直りできるはず。
チャレンジしてね!

直接あやまる

⮕ ・ボールをかさなくてごめん。
　　ほかの子にかす約束をしていて…
・さっきはケチなんて言ってしまってごめんね
・そうじさぼってめいわくかけたよね

話を聞いてみる

⮕ ・なんでおこってるの?
・何か気にさわることしちゃったかな?
・理由をきく

言葉で
言えないときは
手紙を書こう

りおちゃんへ

きのうは、約束をやぶってごめんね。
習い事があったのをわすれていたの。
明日なら遊べるから、公園に行かない?
返事、待っているね。

めいより

みんなの関係がギスギス!?

ギスギスを
かい決するために
あなたならどうする？

スタート

クラスで
もめごとが起きた！
あなたはどうする？

止める →

A どうして
こうなったか聞く

B 「やめようよ」と
声をかける

止めない ↓

C 見ていない
フリをする

D だれかに
相談する

ひとりじめ

86

どんなふうにかい決する？

Ⓐ どうしてこうなったか聞く

理由をつきとめるのは、問題かい決するのに大事だよね。
いろいろなお友だちの意見を聞けると、ごかいもとけて、
みんなすっきりするかも。

Ⓑ 「やめようよ」と声をかける

勇気がないと言えない言葉だよね。
これを言えるあなたはすごい！
次に、どうしたらかい決できるかを考えてみよう。

Ⓒ 見ていないフリをする

放っておけば自然になか直りするかも？
たしかにそんな場合もあるけれど、放っておくと、
ますます関係が悪くなることも。
みんなで意見を出し合ってかい決できるとよいね。

Ⓓ だれかに相談する

自分たちでかい決できればいいけれど
それがむずかしい場合は、先生など
大人に相談するのも、いいかもしれないね。
きっとすてきなアイデアを出してくれるはず！

話し合ってかい決すれば
もっとなかよくなれるね！

一日中いっしょにすごすクラスの中では、
もめごとや問題が起きることもあるよね。
そんなときは、どうして問題になったのか、
どうしたらよいのか
みんなで話し合ってかい決してみよう。
みんなの意見を聞くことで、
クラスのきずなが深まって、
もっとなかよくなれるはず！

問題を
かい決するコツ！

もめごとや問題が起きたときに、ノートなどに書いてみると、
みんなの意見がわかりやすくなって、かい決に近づくよ。
下のノートを参考にしてみよう。

問題かい決ノート

◎どうしてそうなったの？

・カナちゃん「そうじ当番をさぼる人がいる。ずるい！」
・ハルトくん「運動会のリレーの選手になった。
　　練習があるので、そうじができない」
・
・
・

◎どうやってかい決する？

・リレーの練習がある日は、前もって当番を交代する。
・
・
・

みんなを遊びにさそいたい

あなたはみんなを
どんなふうに
さそっている？
当てはまる答えを
選んでね。

A 「○○をするよ、
早くおいで!」

B 「○○をしたいな。
いっしょにやらない？」

C 自分からは
さそわない

どんなふうにさそっているかな？

A 「○○をするよ、早くおいで！」

はっきりと自分の意見を言えるのはとてもいいね。
ただ、ちょっぴり強引に感じる人もいるかもしれないから、
相手の都合を聞けると、もっとすてきだよ。

B 「○○をしたいな。いっしょにやらない？」

「いっしょに」という言葉は、さそわれた人をうれしいきもちに
するね。自分が得意じゃない遊びでも、
こんなふうにさそわれたら「やってみよう！」って思えるよね。

C 自分からはさそわない

だれかからさそわれるまで待つのも、悪くないよ。
ただ、自分がやりたいことや、おもしろいと思ったことを
お友だちといっしょに試してみると、とても楽しいから、
やりたいことを見つけたら、
自分から声をかけてみよう。

みんなのきもちを
考えながらさそえるといいね

お友だちを遊びにさそってことわられたら、
さびしいきもちになるよね。
でも、お友だちにもいろいろな都合があって、
ほかのお友だちとの約束や、習い事、
家の用事などがあるときも。
だからことわられても、
あなたがきらいというわけじゃないんだ。
深く考えないで、気軽にさそってみよう。

きーん

さそい上手に
なるコツ!

相手やみんなのことを考えながらさそうことがポイントだよ。

1. みんなの意見を聞く

みんなで遊ぶときは、どこへ行くか、何をして遊びたいか、
参加する人たちの意見を聞いてみよう。
そのときに理由も聞くと、意見をまとめやすくなるよ。

2. 決まらないときは多数決をとる

どうしても決まらないときは多数決をとってみよう。
ただ、もしAとB、ふたつの遊びで大きく分かれたときなどは、
今日はA、別の日はBで遊ぶなど、
みんなが不満に感じないようにできるといいね。

3. ことわられたら
ほかの日にさそってみる

もしことわられたとしたら、
タイミングが悪かっただけかも。
「また今度あそぼうね」などと声をかけて、
別の日にさそってみてもいいんじゃない?

いろいろなお友だちとなかよくするには？

あなたにはどんな
お友だちがいる？
☑チェックしよう

☐ 同じクラスの子と
だけ遊ぶ

☐ 女の子、男の子など
関係なく遊ぶ

☐ ちがう学校の子とも
遊ぶ

☐ 年上、年下の子
とも遊ぶ

同じクラスの子とだけ遊ぶ

気心の知れた、おなじみのメンバーで遊ぶのは安心！
でも、新しいお友だちにめぐり会うチャンスをのがしているよ。
たまには、別のクラスの子やちがう学年の子とも遊んでみよう。

女の子、男の子など関係なく遊ぶ

女の子どうし、男の子どうしなどにこだわらないあなたは、
いろいろな楽しい遊びを知っているんじゃない？
それって、とてもすてきなことだね！

ちがう学校の子とも遊ぶ

別の学校にいるお友だちと遊ぶと、
ふだんとはちがうお話ができて新しい発見があるね。
はやっていること、行事のことなど、
いろいろとおしゃべりしてみよう。

年上、年下の子とも遊ぶ

年上の子からは知らなかったことなどを教えてもらえたり、
年下の子と遊んでいるといつもは気づかない
自分のことがわかったり。
同級生と遊ぶのも楽しいけれど、年がちがう子と
遊ぶのは別の楽しさがあるよね。

いろいろなお友だちとなかよく
すると自分の世界が広がるよ！

性別や年がちがう子、
別の場所に住んでいる子たちと、
お友だちになると、
いつもとちがう遊びや
はやりのおもしろいことなどを、
知ることができるかも！
いろいろなお友だちとなかよくして、
自分の世界をもっと広げよう！

いろいろな子と
なかよくするって
楽しい！

いろいろな子となかよくするコツを教えるよ。

1.女の子、男の子は関係ない！

自分とはちがう性別の子と話していると、
びっくりすることやおもしろいことがいっぱい。
女の子、男の子なんてあまり気にせずになかよくすれば
楽しい発見がたくさんあるよ。

2.ちがう学校のお友だちも大事！

ちがう学校のお友だちは、
いろいろなことを教えてもらえるチャンス！
はやっていることを聞いて、自分の学校で発表すれば
あなたは人気者になれちゃうかも！

3.年の差は気にしない！

なかよくしたいお友だちが、自分より年上だったり、
年下だったりしても、それを気にする必要はないよね。
相手もきっと同じように感じているはずだよ。

苦手な子となかよくするには？

クラスの中には苦手な子も
いるよね。その子とは
どんなふうに話すかな？

A 思い切って
話しかけてみる

B 必要なことだけ
話す

自分から
話す

スタート

Q あなたは
クラスで苦手な
子とグループに
なったよ

自分からは
声をかけない

C 向こうから
話しかけてくるのを待つ

D なるべくさける

あなたは苦手な子となかよくできている？

Ⓐ 思い切って話しかけてみる

今まであまりしゃべったことがない子なのに、
苦手だと思いこんでいるだけかもしれない。
思い切って話しかけてみたら、
意外な一面が発見できて、なかよくなれちゃうかも！

Ⓑ 必要なことだけ話す

必要なことを話すのは大事だけれど、
必要なことだけ話すのでは、相手のことが
よくわからないよね。「好きなテレビ番組は？」なんて、
ちょっとしたことでもいいから、たずねてもいいかもね。

Ⓒ 向こうから話しかけてくるのを待つ

相手が自分のことをどう思っているのかわからないとき、
つい話しかけてくるのを待ってしまうよね。
でもわからないのは、相手も同じかも。
勇気を出して、自分から話しかけてみよう！

Ⓓ なるべくさける

苦手だからといってさけてしまったら、相手のことが
よくわからないままだし、おたがいがなかよくなれないよね。
どちらかがきっかけをつくらないと。
ぜひ、あなたが声をかけてみてね。

おしゃべりすれば
きっとなかよくなれる！

クラスの中には、あなたが苦手な子もいるよね。
でも、いろんなせいかくの子がいてひとつのクラスなんだ。
だから、思い切って自分から、
どんどん話しかけてみよう！
今まで気づかなかっただけでぴったり気が合ったり、
しゅみが同じだったりするかもしれないよ。

いろいろなせいかくの子となかよくなるって楽しい！

それぞれのいいところを発見してみよう。
長所が見えると、ますます「なかよくなりたい！」って
思えるはずだよ。

まじめな子

時間をきちんと守ったり
当番をしっかりやったり。
いろいろなところを見習えるよ。

はっきり言う子

正直に言ってくれるから
うら表がなくて
いっしょにいてもラクだよね。

おとなしい子

おたがいが思っていることを
話したら新発見がありそう。
相談相手としてじっくり話を
聞いてくれそうだね。

おしゃべりな子

上手なおしゃべりでまわりを
引きこむなんてすごい！
その"話じゅつ"を
教えてもらっちゃおう。

やんちゃな子

思いがけない行動は
おどろくことも多いけど
いっしょにいるだけで
パワーがもらえそう！

こまやかな子

自分ではなかなか
気づけないことまで
気づいてくれるから
あなたを助けてくれるかも！

なかよしのお友だちとはなれちゃったら？

グループ活動で
なかよしのお友だちと
別のグループになったら
あなたは？

(A) ひたすら
落ちこむ

(B) 新しいグループで
お友だちをつくる

(C) ちがうグループに
行ったお友だちに
会いに行く

A ひたすら落ちこむ

なかよしのお友だちとはなれてしまったら、
とてもさびしいし、不安だよね。
でも、仕方がないことだとわり切って、
きもちを切りかえることも大事だよ。

B 新しいグループでお友だちをつくる

なかよしのお友だちとはなれることは、
新しいお友だちができるチャンスでもあるよ。
「今までとちがうタイプのお友だちができるかも！」って
考えると、ワクワクするね。

C ちがうグループに行った
お友だちに会いに行く

なかよしのお友だちは安心だし、きんちょうがほぐれるよね。
でも、別のグループに行ってばかりだと、
新しいグループでお友だちが
つくりにくくなるかもしれないよ。

クラスがえやグループ活動は新しいお友だちができるチャンス！

クラスがえやグループ活動で、
なかのいいお友だちと、別のクラスや
別のグループになってしまうことってあるよね。
なかよしだったお友だちとはなれるのは、
とてもさびしいけれど、
新しいお友だちをつくるチャンスでもあるよ！
新しいお友だちを見つけたら、自分からあいさつしたり、
話しかけたりしてみよう。
お友だちがぐんとふえるはず。

新しいクラスや グループになじむコツ

ちょっときんちょうしちゃうけれど、コツさえおぼえれば
だいじょうぶ！ きもちをラクにして、
まずは笑顔から始めよう。

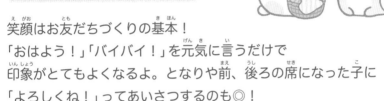

1. 笑顔でニコニコ！

笑顔はお友だちづくりの基本！
「おはよう！」「バイバイ！」を元気に言うだけで
印象がとてもよくなるよ。となりや前、後ろの席になった子に
「よろしくね！」ってあいさつするのも◎！

2.「仲間に入ってもいい？」とはっきり言う

なかよしグループができていたら、「仲間に入ってもいい？」と
言ってみよう。もじもじしていると、きもちは通じにくいので
ここは、はっきり伝えるのがポイント！

3. 笑ったりおどろいたりする

だれかの話を聞くときに、その子が笑ったらいっしょにニコニコして、
その子がおどろいた表情になったら、いっしょにびっくりしてみよう。
話す人は「わかってくれる相手だな」
「ちゃんと聞いてくれる」って親しみがわいてくるはずだよ。

すみっコぐらし™

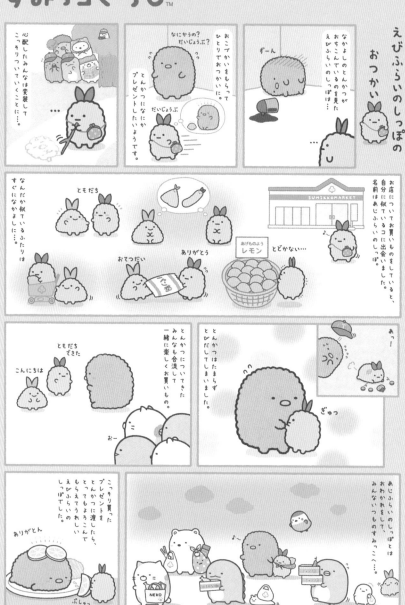

新しいお友だちができたり、協力し合ったり、助け合ったり。
み〜んなそれぞれを大切に思っているのが伝わるね。

106

第3章

自分って
どんな人かな？

お友だちとなかよくするコツは、
自分ともなかよくすること。
自分がどんな人かを見つめ直してみない？

本当の「自分」ってどんな人？

自分のことを
どこまで
わかっているかな？

A お友だちが待ち合わせに
ちょっぴりおくれてきた
① おこる？　② おこらない？

B かしたマンガが返ってこない
① 不安になる？
② 不安にならない？

C お友だちが休みだから
一人で下校
① さびしい？
② さびしくない？

D 部屋を散らかしていたら、
お母さんにしかられちゃった
① しばらく落ちこむ？
② すぐかたづける？

108

① を選んだところを読んでみよう

A お友だちが待ち合わせにおくれたら…

「おこる」と答えたあなたは、とてもまじめなのかも。
いつも、きちんと時間通りに行動することを大事にしていて、
それが守れないといやなのかな？

B かしたマンガが返ってこなかったら…

「不安になる」と答えたあなた。
「なくしちゃったのかな？」「わすれちゃったのかな？」など
悪いほうへ想像するきもちが、どんどんふくらんで
止められなくなること、よくあるよね。

C 一人で下校したら…

「さびしい」と答えたあなた。
いつもお友だちといることで、きもちが安心しているんだろうね。
お友だちといるときに、本当の自分のきもちを
出せているのかもしれないね。

D しかられちゃったら…

「落ちこむ」と答えたあなたは、
しかられるのがとても苦手なんだね。
自分を丸ごと、だめって言われたような
きもちになっているんじゃないかな？

自分のことを知ると
もっと自分を好きになれるよ！

自分のことを見つめ直すと、
いいところやよくないところが見つけやすいよ！
いいところが見つかればのばしていけばいいし、
よくないところが見つかったら直していこう！
そうすると、自分の心をみがくことができて、
自分のことを好きになれるよ。

自分のきもちを見つけよう！

自分のきもちはなかなか見つけにくいよね。
でも、かんたんに見つけられる方法があるからしょうかいするね。

自分のきもちの見つけ方

紙に思ったことをどんどん書いてみると、
自分がどんなきもちなのかが見えてくるよ。
「どうしてそう思ったのか」も書くと、
自分のことがもっとわかるかも！

きもちを見つけるノート

ゆきちゃんにかしたマンガがかえってこない。
▼
かしたこと、わすれちゃったのかも…ふあん！
▼
前にかしたときも、すぐ返してくれなかった。
▼
でも、言ったらすぐ返してくれた！
▼
「返して」って言うの、ちょっといやだなあ。
▼
今度かすときは、「すぐ返してね」って言おう！

111

自分のこと「好き」「きらい」？

自分がきらいになるのは
どんなとき？
☑ チェックしてみよう！

□ おもしろい話が
　できなかったとき

□ 人を
　きずつけたとき

□ テストで悪い点数を
　とったとき

□ かけっこで
　ころんだとき

□ 試合で
　負けちゃったとき

112

チェックしたところを読んでね

おもしろい話ができなかったとき

お友だちを笑わせることができると、うれしくなるよね。
でも、いつもおもしろい話をするなんて、とてもむずかしいこと。
ふつうの話でも、みんなじゅうぶん楽しいよ。

人をきずつけたとき

人をきずつけると、自分のきもちもきずつくよね。
でも、すぐにあやまれば、お友だちのきずも
自分のきずも早くなおるんだよ。

テストで悪い点数をとったとき

せっかくがんばったのに、むくわれなかったのならざんねん！
でも、めげずにがんばり続ければ、きっといい点数になるはずだよ。

かけっこでころんだとき

はずかしいきもちになるよね。でも、一生けん命
がんばったしょうこだから、気にしなくてもOKだよ。

試合で負けちゃったとき

スポーツの試合、ダンスのコンクール、
いろいろな「勝負」で、負けたらくやしいのは当たり前。
次のチャンスで、またがんばればいいんじゃないかな？

「きらい」を「好き」に変えるために

🍀

自分のダメなところや悪いところばかり見てしまうと、
自分が「きらい」になってしまうよね。
だけどあなたにもいいところや、
がんばっているところがたくさんあるはず。
自分を「好き」になるためには、
自分のいいところやがんばったところを探してみよう！
そうすれば自分を「きらい」から
「好き」に変えられるよ。

自分の好きなところを探してみよう

自分の好きなところはどんなところだろう？
紙に書いてみよう！
書けば書くほど、自分に自信が出てくるよ。

◎自分の好きなところ

・クラスのみんなとなかよくできている！
・落ちこんでも立ち直りは早い！
・ピアノでむずかしい曲をひける
・ペットの犬の散歩当番をきちんとやっている
・クッキーづくりが得意で、
　みんなに喜ばれている
・本やマンガをたくさん読んでいる

「うれしい」ってどうして思うのかな?

あなたがうれしいと
感じるときは
どんなときかな?
☑チェックしてみよう!

☐お友だちに
やさしくして
もらったとき

☐おたん生日
プレゼントを
もらったとき

☐大人の人に
ほめてもらったとき

☐みんなと何かを
成功させたとき

お友だちにやさしくしてもらったとき

落ちこんだとき、失敗したときなど、
お友だちのやさしさで、
きもちが元気になることってあるよね。

おたん生日プレゼントをもらったとき

プレゼントの中身ももちろんうれしいけれど、
おたん生日をおいわいしてくれるきもちも、
うれしいよね。

大人の人にほめてもらったとき

おうちの人や学校の先生など、
大人の人にほめてもらえると、
「がんばってよかった！」って思えるよね。

みんなと何かを成功させたとき

運動会や学芸会などで、クラスの仲間と力を合わせ
何かをつくったり、はっぴょうしたり。
それが成功したとき、気分はとってもハッピーだよね。

あなたがうれしいことは
みんなもうれしいよ！

お友だちやまわりの人からやさしくされたり、
みんなで何かを成功させたりすると、
とてもうれしいきもちになるよね。
それはみんなも同じだよ。
自分の「うれしい」を知って、あなた自身が
みんなに「うれしい」をとどけられるといいね。

ハッピー日記を書こう！

その日にあったうれしかったことをノートに書いて
「ハッピー日記」をつくろう！
毎日、その日にあったうれしいことを3つ書き、
その理由もひと言でメモしよう。

ハッピー日記

◎お母さんにほめられた

…いつも朝はお母さんに起こしてもらっていたけど、
今日は自分で起きられた！　これからもがんばろう。

◎りんちゃんの家へ遊びに行った

…りんちゃんもわたしも同じアニメ番組が好きだとわかった。
二人でテーマソングを歌って、盛り上がった！

◎夕食がグラタンだった

…大好きなグラタンはチーズがとろっとしておいしかった。
お父さんはエビ入りのグラタンが好きなんだって。

うそをつくって悪いこと？

うそをついても
いいと思う？

A ばれなければ
　だいじょうぶ！

B 悪いと思うけど
　ついてしまう

↖ 思う

‖スタート‖
うそをついても
いいと思う？

↘ 思わない

C ばれるから
　つかない

D うそはぜったいにダメ

あなたはどう思っているかな？

Ⓐ ばれなければだいじょうぶ！

たとえ、ばれなくても「うそをついてしまった」ということが
自分の心にずっと残り、後で苦しくなることもあるよ。
だから、ばれなくても、うそはつかないほうがいいんだ。

Ⓑ 悪いと思うけどついてしまう

いけないことと思っていても、
うそを言ってしまうことってあるよね。
「悪いと思うきもち」は、その後でどんどんふくらんで
「言わなければよかった」になることが多いよ。

Ⓒ ばれるからつかない

「うそはいつかばれる」ってよく言われるよね。
でも、うそがダメなのは、ばれるからではなく
人をきずつけたり、自分が苦しくなったりするからだよ。

Ⓓ うそはぜったいにダメ

うそはダメだと、強く思えているあなたは、すばらしい！
これからも、そのきもちを持ち続けてね。

うそをついたら
みんなが悲しくなるよ

🍀

あなたのうそがどんなに小さなものでも、
そのうそをかくすために、またうそをついてしまうと、
どんどん大きくなってしまうこともあるよ。
うそをつくと自分の心も苦しくなるし、
うそがばれると、みんなもいやなきもちになる。
どんなときでも、うそをつくのはよくないんだよ。

うそをついて
しまったら？

うそが大きくふくらむ前にできることって何だろう？
あやまること、うそをやめることが大事だよ。

1. うそをついたことをすなおにあやまろう

うそをついた相手に、すなおにあやまろう。
「うそをついてごめんね」「あのとき、本当のことが言えなくて…」
正直に言えば、きっと相手もゆるしてくれるはずだよ。

2. うそは早くやめよう

うそはどんどん大きくなるよ。
ついたうそがばれないように、またうそをついてしまい、
そのうち、うそがどんどん重なっていくことも。
そうなる前に、早くうそをやめよう。

3. どうしてうそをついたのか考えよう

お友だちによく思われたい、自分を守りたい、
きっと、いろいろな理由があったよね。
同じことが起きた場合、また同じようなうそをつかないように
理由を探してみよう。

「手伝ってほしい」を人に伝えてみよう！

お友だちに
手伝ってもらいたい
ことができた！
あなたならどうする？

A 「手伝ってほしいのに…」
と思う

B 「手伝って！」と
強引にさそう

C 「手伝ってもらえるかな」と
お願いする

D 「どうして
手伝ってくれないの？」
とおこる

124

Ⓐ 「手伝ってほしいのに…」と思う

「思う」だけでは伝わらないよ。
まずは言葉ではっきり伝えることから始めよう！

Ⓑ 「手伝って！」と強引にさそう

まるで命令しているかのような言い方に聞こえるね。
お友だちは、あまりいいきもちにはならないね。

Ⓒ 「手伝ってもらえるかな」とお願いする

こんなふうなやさしい言い方をしてもらったら、
お友だちも手伝いやすくなるよね。

Ⓓ 「どうして手伝ってくれないの？」とおこる

こんなふうに言われたら、お友だちはびっくりするし、
「手伝いたい」っていうきもちにはなれないね。

相手のきもちを
想像しながら伝えよう

手伝ってほしいきもちをほかの人に伝えるのって

かんたんなようで、むずかしいよね。

何かをお願いするときはもちろん、伝え方ひとつで、

お友だちのきもちは大きく変わるかもしれないよ。

だから、自分のきもちを伝えるときは

相手がどんなふうに思うか、

自分だったらどんなふうに言われたいかを

想像しながら話すといいよ。

そして「ありがとう」の言葉を忘れずに！

手伝ってほしいきもちを 上手に伝えるコツ!

手伝ってほしいきもちを上手に伝えられないと、もどかしいよね。
かい決できる、かんたんなコツを教えるよ。

1. どんなふうに言えばいいかまとめる

きんちょうすると何を言っていいか、わからなくなることもあるよね。
そんなときは頭の中で、どんなふうに声をかければいいかを考えよう。
いちど考えをまとめてから話すと、スムーズだよ。

2. ゆっくり話す

どんなときも、やさしい伝え方が◎。ゆっくり話すだけで
聞き取ってもらいやすいね。ただ、言いたいことがわからないと
相手もこまっちゃうかも。伝えたいことは「はっきり」を心がけよう。

3. 言葉にできないときは手紙に書こう!

言葉では、うまく伝えられそうもないときは、
手紙を書いてもOK!
手紙なら、考えがまとまってから書けたり、
読み返して書き直したりできるから、
自分が「よい」と思うものを渡せるね。

自分（じぶん）と同（おな）じ人（ひと）って いる？

あなたと
お友（とも）だちとのちがいを
書（か）いてみよう

あなた　　　　　　　　　お友（とも）だち

好（す）きな
食（た）べもの

好（す）きな本（ほん）

好（す）きな色（いろ）

しゅみ

じゃん

あなたとお友だち、いくつちがったかな？

4つすべて

どんなになかがよくても、
好きなものや考え方がちがうのは当たり前。
そのちがいを楽しもう。
自分とはちがう、お友だちの好きなものや
しゅみを知ることで新発見が生まれるかも！

2～3つ

お友だちの好きな本やしゅみで、気になるものはあるかな？
自分とはちがうところは、
「どんなところがおもしろいの？」「なんで好きなのかな？」
などと質問すれば会話が広がるし、自分もためしてみれば、
お友だちのことがもっとわかるようになれるね。

0～1つ

ほとんどいっしょなのは気の合うしょうこ。
好きなものや好きなことについてもっと話してみよう。
同じものが好きでも、理由や考え方は人それぞれ。
そんなちがいを楽しむのもいいね。
無理に合わせるのではなく、
ちがいを見つけて楽しんでみよう。

いろいろな考えの人がいると 楽しいね！

あなたとお友だちの考えがちがうのは、
よくあることだよね。
人によって考えがちがうからこそ、
新しいことや見えていなかったものに
気づくことができる。
ちがうところが多ければ多いほど、
いろいろなことを知ることができて楽しいね！

お友だちの
しゅみにチャレンジ！

たとえば、ダンスがしゅみのお友だちといっしょに
ダンスをためしてみたら、あなたはどんなふうに変わるかな？

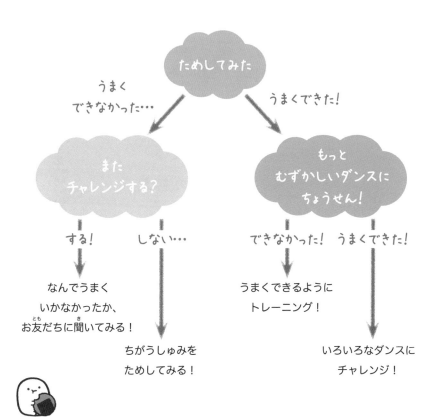

ためしてみた

うまく
できなかった…

うまくできた！

また
チャレンジする？

もっと
むずかしいダンスに
ちょうせん！

する！

しない…

できなかった！

うまくできた！

なんでうまく
いかなかったか、
お友だちに聞いてみる！

ちがうしゅみを
ためしてみる！

うまくできるように
トレーニング！

いろいろなダンスに
チャレンジ！

こんなふうに知らなかったことに挑戦してみると、
自分がそれを好きなのかどうかがわかるし、
お友だちとの会話につながっていくよね。

当てはまるものを
チェックしよう。
いちばん多いのは
Ａ～Ｄのうちどれかな？

自分に「足し算」してみよう

A
- □笑顔が苦手
- □うつむいている
- □すぐおこってしまう

B
- □助け合うより、一人でやってしまう
- □ものや場所などをゆずれない
- □ほかの人の意見より、自分の意見

C
- □一人でいることが多い
- □だれかと話すのが苦手
- □人といても楽しくない

D
- □一人でいる子をささえない
- □こまっている人に声をかけられない
- □たのまれてもものをかせない

どれがいちばん多かった？

Ⓐ が多かったあなた

いっしょにいるだけで楽しくなるような明るさが
足し算されたらいいね。あいさつや笑顔だけでも
ふんいきががらりと変わるから、気をつけてみよう。

Ⓑ が多かったあなた

たくさんのお友だちがいれば、考え方はそれぞれ。
クラスみんながなかよくするコツは、
人の意見をよく聞いて、意見を合わせていくことだよ。

Ⓒ が多かったあなた

一人の時間も大切だけど、クラスはみんながそろう場所。
たまにはお友だちとしゃべったり、遊んだりしてみよう。
一人では経験できないようなことに出会えるチャンスだよ。

Ⓓ が多かったあなた

引っこみ思案★になっていることが多いかもしれないね。
あなたがお友だちにやさしくなれたなら、
お友だちもきっとあなたにやさしくなるよ。

Ⓔ どれも当てはまらない

足し算したほうがいいところ、あなたにはあまりないみたい。
その調子で、これからもまわりを気づかっていこう！

★「引っこみ思案」ってこんなこと
…自分から進んでものごとをやろうというきもちが少ないことだよ。

自分に少し足し算すると
もっと友だちがふえるかも

人にはいいところもあれば悪いところもあるもの。

でもいいところばかりではなくて、

悪いところも自分で気づくことが大事だよ。

自分の悪いところに気づけたら、

それを直すようにがんばろう！

がんばっていたら、お友だちにもきっと伝わるはず！

自分を
パワーアップさせる
コツ！

ちょっとした心がけで、
あなたの印象は変わるよ！
こんなことに気をつけてみよう。

1. 話すとき

ゆっくりやさしく話すと
みんなが聞きやすいよ。

2. あいさつ

友だち以外にも近所の人や
先生、家族にも
あいさつしよう！

3. 聞くとき

話をさえぎらずによく聞いて、
あいづちも打つと相手はうれしいよ。

4. 笑顔

話すときやあいさつのときなどは
笑顔をわすれずに！

5. 明るく！

いつも元気よく明るく
ふるまおう。
まわりも明るくなるよ！

自分をキラキラ
させるために

好きな生きものは
何かな？

Q あなたの好きな生きものは何？
選んで、その理由も書きこもう！
いくつ選んでもいいよ！

犬

ねこ

うさぎ

パンダ

鳥

りす

ハムスター

その他
（　　　　　）

ありがとん

ぶしゅっ

どれを選んで、どんなふうに書いたのかな？

お気に入りの生きものとどんなところが好きかを知って、
「なりたい自分」を見つけよう。

犬

いつもよりそってくれるし、
いやされる

こんなふうに答えたあなたは、いつも人に
よりそっていたい、人をいやしてあげたいと
思っているんじゃないかな？
どんなふうにしたら、
なりたい自分に近づけるかな？
考えてみるのも楽しいね。

「なりたい自分」を見つけると もっとキラキラできる！

いつも明るくキラキラした自分でいたいよね！
だけど、暗いきもちになることや
落ちこむときだってもちろんある。
そんなときも、「なりたい自分」という
目標をつくっておけば、そんな自分に近づくために
「がんばろう！」って思えるはず！

自分をキラキラさせる笑顔

いつも自然に笑顔が出るように、顔の体そうを取り入れよう！

笑顔体そう

1と2をくり返して動かすと、
顔の表情が豊かになって笑顔が自然に出やすくなるよ。
笑顔でいると、自分も明るくなれるし、
まわりの人もハッピーなきもちになるよ。

1.口を○の形にする

2.口を横に広げる

みんな、なかよしがいいね！

お友だちって、あなたにとってどんなそんざい？

いっしょにお話しして笑い合ったり、
同じ目標に向かってがんばったり、
ときには、なやみを聞いてもらって
はげましてもらうことも。
なかよしのお友だちができると、
毎日がぐっと楽しくなるよね。

でも、ふとしたひと言で
お友だちをきずつけてしまうことや
ケンカしちゃうことだってある。
お友だちときもちが通じ合わないと、
悲しくてつらいきもちになるよね。

お友だちとなかよくするために、一番大事なのは、
自分とお友だちのちがいを、知ることかもしれないよ。

「お友だちは、きっとこんなふうに感じるかな」
「自分はこう思ったけれど、お友だちはちがうかもしれない」

お友だちといっしょにいるとき、
相手の心を想像しながらすごしてみると、
自然ときもちが通じ合いやすくなるはずだよ。

きもちが通じ合うと、自分はもちろんうれしいし、
お友だちにもハッピーなきもちになってもらえる。

だから、みんな、なかよしがいいね！

すみっコぐらし™

ひやひやすみっこさんぽ

いつもすみっこでくらしている、すみっコたち。
ある日、自分に自信がないぺんぎん？は自分を探しに外に出かけることに…。
仲間のすみっコたちもおそるおそるついていきます。
電車に乗ってみたり、木かげで落ち着いたり、落とし穴に落ちたり…。
すみっこがなかなか見つからない外の世界で、

すみっコたちのひやひやさんぽ。

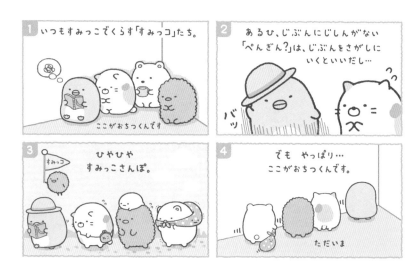

自分に自信のないぺんぎん？の自分を探しに外に出る物語。
仲間たちがいっしょについてきてくれてきっと心強いよね。
自分のことを知ること、お友だちにやさしく接すること。

おたがいがきもちいいことがなかよくするってことかもしれないね。

すみっコたちみたいに、ゆっくり、ゆっくり休みながら進んでいこう。

監修

相川 充（あいかわあつし）

筑波大学大学院人間総合科学研究科心理学専攻教授。
博士（心理学）。広島大学大学院修了。
専門は対人社会心理学。
子どもたちが抱える、不登校やいじめなどのさまざ
まな問題を解決すべく、ソーシャルスキル教育を学
校現場に導入し大きな注目を集める。『人づきあい、
なぜ７つの秘訣？—ポジティブ心理学からのヒント
—』（新世社）、『イラスト版 子どものモラルスキル—
言葉・表情・行動で身につく道徳』（共著・合同出版）、
『大人になってこまらない マンガで身につく 友だち
とのつきあい方』（金の星社）など著書多数。

Staff

構成・文	西野 泉、豊島杏実（株式会社ウィル）
ブックデザイン	横地綾子（フレーズ）
編集協力	坂本 悠、桐野朋子（サンエックス株式会社）
校閲	滄流社
編集	青木英衣子

すみっコぐらしの
お友だちとなかよくする方法

編集人　青木英衣子
発行人　倉次辰男
発行所　株式会社 主婦と生活社
　　　　〒104-8357　東京都中央区京橋3-5-7
　　　　編集部　☎03-3563-5211
　　　　販売部　☎03-3563-5121
　　　　生産部　☎03-3563-5125
　　　　https://www.shufu.co.jp
製版所　株式会社 二葉企画
印刷所　図書印刷株式会社
製本所　図書印刷株式会社
ISBN978-4-391-15372-9